HSK 2级

全真模拟试题集
Model Tests for HSK

◎ 梁冬梅 / 编著

外语教学与研究出版社
北京

图书在版编目(CIP)数据

HSK 全真模拟试题集. 2 级 / 梁冬梅编著. -- 北京：外语教学与研究出版社，2017.12
(外研社·HSK 课堂系列)
ISBN 978-7-5135-9722-7

Ⅰ. ①H… Ⅱ. ①梁… Ⅲ. ①汉语－对外汉语教学－水平考试－习题集 Ⅳ. ①H195.6

中国版本图书馆 CIP 数据核字 (2017) 第 325187 号

出 版 人　徐建忠
项目编辑　杨　飘
责任编辑　向凤菲
封面设计　姚　军
出版发行　外语教学与研究出版社
社　　址　北京市西三环北路 19 号（100089）
网　　址　http://www.fltrp.com
印　　刷　北京虎彩文化传播有限公司
开　　本　889×1194　1/16
印　　张　5
版　　次　2018 年 4 月第 1 版　2018 年 4 月第 1 次印刷
书　　号　ISBN 978-7-5135-9722-7
定　　价　28.00 元（含 MP3 光盘一张）

购书咨询：(010) 88819926　电子邮箱：club@fltrp.com
外研书店：https://waiyants.tmall.com
凡印刷、装订质量问题，请联系我社印制部
联系电话：(010) 61207896　电子邮箱：zhijian@fltrp.com
凡侵权、盗版书籍线索，请联系我社法律事务部
举报电话：(010) 88817519　电子邮箱：banquan@fltrp.com
法律顾问：立方律师事务所　刘旭东律师
　　　　　中咨律师事务所　殷　斌律师
物料号：297220001

出版说明

"外研社·HSK课堂系列"是根据孔子学院总部/国家汉办2015版《HSK考试大纲》编写的一套训练学生听、说、读、写各方面技能的综合性考试教材。

2009年,国家汉办推出新汉语水平考试(简称新HSK),在吸收原有HSK优点的基础上,借鉴国际语言测试研究的最新成果,提出"考教结合"的原则,为汉语学习者提供了新的汉语水平测试和学习平台。为帮助考生熟悉新HSK考试,有效掌握应试策略和备考方法,并真正提高汉语能力,外语教学与研究出版社推出了"外研社·新HSK课堂系列",含综合教程、专项突破、词汇突破、全真模拟试卷等多个子系列产品。该系列自推出后受到广大读者的广泛好评,销量居同类图书前列,不少品种均多次重印。

2015年,孔子学院总部/国家汉办对2009版大纲进行修订,根据主题式教学和任务型教学的理论及方法,增加了话题大纲、任务大纲,改进了语言点大纲,并细化了词汇大纲。针对2015版大纲的最新变化,并结合广大教师及考生对"外研社·新HSK课堂系列"提出的宝贵意见和建议,外研社组织具有丰富HSK教学及研究经验的专家、教师编写了这套全新的"外研社·HSK课堂系列"。

"外研社·HSK课堂系列"旨在帮助考生掌握HSK的考试特点、应试策略和应试技巧,培养考生在真实考试情境下的应对能力,进而真正提高考生的汉语语言能力。全套丛书既适用于课堂教学,又适用于自学备考,尤其适用于考前冲刺。

本系列包含如下产品:

- "21天征服HSK教程"系列
- "HSK专项突破"系列

- "HSK词汇"系列(含词汇突破、词汇宝典)
- "HSK通关：攻略·模拟·解析"系列
- "HSK全真模拟试题集"系列

本系列具有如下主要特点：

全新的HSK训练材料

- 详细介绍HSK考试，全面收录考试题型，提供科学系统的应试方案和解题技巧。
- 根据最新HSK大纲，提供大量典型例题、专项强化训练和模拟试题。
- 对HSK全部考点进行详细讲解和答题技巧分析，帮助考生轻松获得高分。
- 所有练习均为模拟训练模式，让考生身临其境，提前备战。

全面、翔实的备考指导

- 再现真实课堂情境，帮助考生计划时间，针对考试中出现的重点和难点提供详细指导，逐步消除考生的紧张心理。
- 将汉语技能融合到考点中讲授，全面锻炼考生的汉语思维，有效提高考生在HSK考试中的应试能力。
- 提供多套完整的模拟试题和答案解析，供考生在学习完之后，根据自身情况进行定时和非定时测验。
- 试题训练和实境测试紧密结合，图书与录音光盘形成互动。所有听力试题在光盘中均有相应内容，提供的测试时间与真实考试完全一致，考生能及时了解自身水平。

我们衷心希望外研社的这套"HSK课堂系列"能够为考生铺就一条HSK考试与学习的成功之路，同时为教师解除教学疑惑，共同迎接美好的未来。

目 录

汉语水平考试 HSK（二级）全真模拟试卷① ··· 1

汉语水平考试 HSK（二级）全真模拟试卷①听力材料 ························· 15

汉语水平考试 HSK（二级）全真模拟试卷①答案 ································· 22

汉语水平考试 HSK（二级）答题卡 ··· 23

汉语水平考试 HSK（二级）全真模拟试卷② ··· 25

汉语水平考试 HSK（二级）全真模拟试卷②听力材料 ························· 39

汉语水平考试 HSK（二级）全真模拟试卷②答案 ································· 46

汉语水平考试 HSK（二级）答题卡 ··· 47

汉语水平考试 HSK（二级）全真模拟试卷③ ··· 49

汉语水平考试 HSK（二级）全真模拟试卷③听力材料 ························· 63

汉语水平考试 HSK（二级）全真模拟试卷③答案 ································· 70

汉语水平考试 HSK（二级）答题卡 ··· 71

汉语水平考试

HSK（二级）全真模拟试卷①

注　意

一、HSK（二级）分两部分：

　　1. 听力（35题，约25分钟）

　　2. 阅读（25题，22分钟）

二、听力结束后，有3分钟填写答题卡。

三、全部考试约55分钟（含考生填写个人信息时间5分钟）。

一、听 力

第 一 部 分

第 1-10 题

例如：	(篮球图片)	✓
	(学生读书图片)	×
1.	(雪中汽车图片)	
2.	(女子图片)	
3.	(游泳图片)	
4.	(开车打电话图片)	

5.		
6.		
7.		
8.		
9.		
10.		

第二部分

第 11-15 题

A

B

C

D

E

F

例如：男：Nǐ xǐhuan shénme yùndòng?
　　　　你 喜欢 什么 运动？
　　　女：Wǒ zuì xǐhuan tī zúqiú.
　　　　我 最 喜欢 踢 足球。　　　　　　　　E

11.

12.

13.

14.

15.

-5-

第 16–20 题

A

B

C

D

E

16. ☐

17. ☐

18. ☐

19. ☐

20. ☐

第三部分

第 21-30 题

例如：男：Xiǎo Wáng, zhèlǐ yǒu jǐ gè bēizi, nǎge shì nǐ de?
　　　　小 王，这里 有 几 个 杯子，哪个 是 你 的？
　　　女：Zuǒbian nàge hóngsè de shì wǒ de.
　　　　左边 那个 红色 的 是 我 的。
　　　问：Xiǎo Wáng de bēizi shì shénme yánsè de?
　　　　小 王 的 杯子 是 什么 颜色 的？

　　　A 红色 hóngsè ✓　　　B 黑色 hēisè　　　C 白色 báisè

21.　A 机场 jīchǎng　　　B 出租车 上 chūzūchē shang　　　C 车站 chēzhàn

22.　A 去 玩儿 qù wánr　　　B 上班 shàngbān　　　C 准备 考试 zhǔnbèi kǎoshì

23.　A 吃 米饭 chī mǐfàn　　　B 喝 咖啡 hē kāfēi　　　C 喝 牛奶 hē niúnǎi

24.　A 8:30　　　B 7:50　　　C 7:40

25.　A 手表 shǒubiǎo　　　B 手机 shǒujī　　　C 电脑 diànnǎo

26.　A 公司 gōngsī　　　B 医院 yīyuàn　　　C 商店 shāngdiàn

27.　A 他 星期一 休息 tā Xīngqīyī xiūxi　　　B 他 星期六 休息 tā Xīngqīliù xiūxi　　　C 他 星期三 工作 tā Xīngqīsān gōngzuò

28. A 坐火车 B 开车 C 坐公共汽车

29. A 5个月 B 8个月 C 12个月

30. A 男的可以回答问题
     B 男的不想回答问题
     C 女的不能问问题

第四部分

第 31-35 题

例如：女：请 在 这儿 写 您 的 名字。
　　　　　Qǐng zài zhèr xiě nín de míngzi.

　　　男：是 这儿 吗？
　　　　　Shì zhèr ma?

　　　女：不 是，是 这儿。
　　　　　Bú shì, shì zhèr.

　　　男：好，谢谢。
　　　　　Hǎo, xièxie.

　　　问：男 的 要 写 什么？
　　　　　Nán de yào xiě shénme?

　　A 名字 ✓　　　B 时间　　　C 问题
　　　míngzi　　　　　shíjiān　　　　wèn tí

31.　A 王 老师　　　B 女 的　　　C 没 人
　　　Wáng lǎoshī　　 nǚ de　　　　 méi rén

32.　A 两 次　　　　B 三 次　　　C 一 次
　　　liǎng cì　　　　 sān cì　　　　 yí cì

33.　A 买 手机　　　B 找 手机　　C 卖 手机
　　　mǎi shǒujī　　　zhǎo shǒujī　　mài shǒujī

34.　A 50 块　　　　B 100 块　　　C 80 块
　　　　 kuài　　　　　　 kuài　　　　　 kuài

35.　A 女 的 喜欢 白色
　　　 nǚ de xǐhuan báisè
　　　B 男 的 买了 两 个 杯子
　　　 nán de mǎile liǎng gè bēizi
　　　C 女 的 送 男 的 一 个 白色 的 杯子
　　　 nǚ de sòng nán de yí gè báisè de bēizi

二、阅 读

第一部分

第 36–40 题

A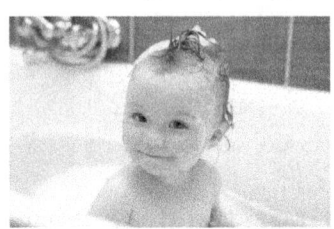

B

C

D

E

F

例如：Měi gè Xīngqīliù, wǒ dōu qù dǎ lánqiú.
每 个 星期六，我 都 去 打 篮球。 F

36. Wǒ dào jiā de shíhou, tā zhèngzài tīng gē ne.
我 到 家 的 时候，她 正在 听 歌 呢。

37. Fúwùyuán, wǒ yào yì bēi chá.
服务员，我 要 一 杯 茶。

38. Tā yǒu yì zhī gǒu, hěn piàoliang.
他 有 一 只 狗，很 漂亮。

39. Xià gè yuè, wǒ yào qù Běijīng lǚyóu.
下 个 月，我 要 去 北京 旅游。

40. Háizi yǐjīng huì shuōhuà le.
孩子 已经 会 说话 了。

第二部分

第 41-45 题

　　　　　　kǎoshì　　　bāng　　　duì　　　yìsi　　　zhèngzài　　　guì
　　A 考试　　B 帮　　C 对　　D 意思　　E 正在　　F 贵

　　　　　Zhèr de yángròu hěn hǎo chī, dànshì yě hěn
例如：这儿 的 羊肉 很 好 吃，但是 也 很 （ F ）。

　　　　Nǐ shuō de shì shénme　　　wǒ méi tīngdǒng.
41. 你 说 的 是 什么 （　　），我 没 听懂。

　　　Nǐ néng　　　wǒ zhǎo gè lí gōngsī jìn de fángzi ma?
42. 你 能 （　　）我 找 个 离 公司 近 的 房子 吗？

　　　Wǒ jìnqù de　　　tā　　　dǎ diànhuà.
43. 我 进去 的 时候，他 （　　）打 电话。

　　Tā　　　kǎo de fēicháng hǎo, suǒyǐ tā hěn gāoxìng.
44. 他 （　　）考 得 非常 好，所以 他 很 高兴。

　　Tā　　　měi gè rén dōu hěn hǎo.
45. 他 （　　）每 个 人 都 很 好。

第三部分

第 46-50 题

例如：Nàr de cài hěn hǎo chī, dànshì tài guì le.
那儿 的 菜 很 好吃，但是 太 贵 了。

★ Nàr de cài hǎo chī, yě hěn piányi.
那儿 的 菜 好吃，也 很 便宜。　　　　　　　　　　（ × ）

Zhè jiù shì wǒ de xuéxiào, hěn dà, hěn piàoliang.
这 就 是 我 的 学校，很 大，很 漂亮。

★ Wǒ de xuéxiào hěn hǎo.
我 的 学校 很 好。　　　　　　　　　　　　　　　（ ✓ ）

46. Wǒ jiā jiù zài xuéxiào de hòubian, zǒulù 5 fēnzhōng jiù dào le.
我 家 就 在 学校 的 后边，走路 5 分钟 就 到 了。

★ Wǒ jiā lí xuéxiào hěn jìn.
我 家 离 学校 很 近。　　　　　　　　　　　　　（ ）

47. Gōnggòng qìchē hěn shǎo, chē shang de rén fēicháng duō.
公共 汽车 很 少，车 上 的 人 非常 多。

★ Gōnggòng qìchē shang de rén hěn shǎo.
公共 汽车 上 的 人 很 少。　　　　　　　　　　（ ）

48. Māma shuō: "bié zài zǒulù de shíhou kàn shū."
妈妈 说："别 在 走路 的 时候 看 书。"

★ Māma bú ràng wǒ zài zǒulù de shíhou kàn shū.
妈妈 不 让 我 在 走路 的 时候 看 书。　　　　　（ ）

49. Tā měi tiān dōu yùndòng, zuì xǐhuan de shì dǎ lánqiú.
他 每 天 都 运动，最 喜欢 的 是 打 篮球。

★ Tā xǐhuan yùndòng.
他 喜欢 运动。　　　　　　　　　　　　　　　　（ ）

50. Tā huì xiě hànzì, dànshì xiě de bù zěnmeyàng.
他 会 写 汉字，但是 写 得 不 怎么样。

★ Hànzì tā xiě de bú tài hǎo.
汉字 他 写 得 不 太 好。　　　　　　　　　　　（ ）

第四部分

第 51-55 题

A 她比我小三岁。
Tā bǐ wǒ xiǎo sān suì.

B 我已经回来一个星期了。
Wǒ yǐjīng huílai yí gè xīngqī le.

C 那我再说一次吧。
Nà wǒ zài shuō yí cì ba.

D 他在哪儿呢？你看见他了吗？
Tā zài nǎr ne? Nǐ kànjiàn tā le ma?

E 你给她打个电话，可以吗？
Nǐ gěi tā dǎ gè diànhuà, kěyǐ ma?

F 我介绍一下，这是王先生。
Wǒ jièshào yí xià, zhè shì Wáng xiānsheng.

例如：他还在教室里学习。　　D
　　　Tā hái zài jiàoshì li xuéxí.

51. 你是什么时候回来的？
　　Nǐ shì shénme shíhou huílai de?

52. 你妹妹多大？
　　Nǐ mèimei duō dà?

53. 欢迎你来我们公司。
　　Huānyíng nǐ lái wǒmen gōngsī.

54. 我不知道李小姐的电话。
　　Wǒ bù zhīdào Lǐ xiǎojiě de diànhuà.

55. 你说的我都没听懂。
　　Nǐ shuō de wǒ dōu méi tīngdǒng.

第 56-60 题

A 我们 是 在 北京 认识 的。

B 早上 有人 给 我 送来了 一 张 机票。

C 比 今天 好，不 冷 不 热。

D 我 的 工作 还 没 做完。

E 她 可能 已经 回 家 了。

56. 我 有事 找 小雨，你 看见 她 了 吗？

57. 她 在 北京 学习了 一 年，就 去 上海 了。

58. 坐 飞机 比 坐 火车 快，我 坐 飞机 去。

59. 很 晚 了，你 怎么 还 不 下班？

60. 明天 天气 怎么样，冷 吗？

汉语水平考试 HSK（二级）全真模拟试卷 ① 听力材料

（音乐，30 秒，渐弱）

大家好！欢迎参加 HSK（二级）考试。

大家好！欢迎参加 HSK（二级）考试。

大家好！欢迎参加 HSK（二级）考试。

HSK（二级）听力考试分四部分，共 35 题。

请大家注意，听力考试现在开始。

第一部分

一共 10 个题，每题听两次。

例如：他们正在打篮球。

　　　我们班有 5 个同学。

现在开始第 1 题：

1. 下雪了。

2. 她在写字呢。

3. 哥哥每天都跑步。

4. 我开车去上班。

5. 小猫最喜欢吃鱼。

6. 我买两张火车票,多少钱?

7. 坐在我右边的是我姐姐。

8. 听了我的话,他笑了。

9. 我给爸爸买了两张报纸。

10. 同学们好,今天我们学习第四课。

第二部分

一共 10 个题,每题听两次。

例如:

男:你喜欢什么运动?

女:我最喜欢踢足球。

现在开始第 11 到 15 题:

11. 男:你每天几点上班?

　　女:我每天 9:00 上班。

12. 男:你爸爸在哪儿工作?

　　女:他在一个公司工作。

13. 男:我请你喝咖啡,可以吗?

　　女:好,谢谢。

14. 男:你每天几点起床?

女：我每天六点半起床。

15. 男：你们班谁跳舞跳得最好？

　　女：小雨跳得最好。

现在开始第 16 到 20 题：

16. 男：你很累吗？

　　女：是，我想休息休息。

17. 男：你的新手机多少钱买的？

　　女：三千多块钱。

18. 男：你有几个孩子？

　　女：两个，一个儿子和一个女儿。

19. 男：你做的饭好吃吗？

　　女：非常好吃。

20. 男：那个饭馆怎么样？

　　女：那儿的菜不错，也很便宜。

第三部分

一共 10 个题，每题听两次。

例如：

男：小王，这里有几个杯子，哪个是你的？

女：左边那个红色的是我的。

问：小王的杯子是什么颜色的?

现在开始第 21 题：

21. 女：您可以开快一点儿吗，我的飞机是 12:00 的。

    男：好的，没问题。

    问：他们最可能在哪儿?

22. 女：你为什么没和朋友们一起去玩儿?

    男：我明天有考试，我要准备准备。

    问：男的要做什么?

23. 男：妈妈，我要去上学了。

    女：你喝了这杯牛奶再走吧。

    问：女的让男的做什么?

24. 女：现在几点?

    男：8:50，电影已经开始 20 分钟了。

    问：电影什么时候开始的?

25. 男：祝你生日快乐！这是我送你的。

    女：这手表真漂亮，谢谢你。

    问：男的送给女的什么东西?

26. 女：你去哪儿?

    男：我病了，要去看医生。

    问：男的要去哪儿?

27. 女：你每天都去上班吗?

男：我星期一和星期三休息。

问：哪个对？

28. 女：你的家离公司多远？

    男：每天早上坐火车要一个多小时。

    问：男的怎么去上班？

29. 男：你什么时候来中国的？

    女：去年5月，到现在已经8个月了。

    问：女的来中国多长时间了？

30. 女：我可以问你一个问题吗？

    男：可以，什么问题我都可以回答。

    问：男的是什么意思？

第四部分

一共5个题，每题听两次。

例如：

女：请在这儿写您的名字。

男：是这儿吗？

女：不是，是这儿。

男：好，谢谢。

问：男的要写什么？

现在开始第31题：

31. 女：你听，谁在叫你的名字？

    男：是吗？我怎么没听见。

    女：你再听听。

    男：我听到了，是王老师在叫我，我去看看什么事。

    问：谁在叫男的？

32. 男：医生，我的病怎么样了？

    女：好点儿了，回去好好吃药。

    男：这药怎么吃？

    女：一天三次，一次两颗。

    问：每天要吃几次药？

33. 女：你在找什么？要我帮你吗？

    男：我的手机不见了，你看见了吗？

    女：没看见，我帮你找吧。

    男：好，谢谢你。

    问：女的帮男的做什么？

34. 女：请问，这件衣服多少钱？

    男：150。你要，可以便宜点儿。

    女：80块钱怎么样？

    男：100吧，不能再便宜了。

    女：好吧，我要了。

    问：衣服便宜了多少钱？

35. 男：你又买了一个红色的杯子？

女：对啊，我喜欢红色。你呢，你喜欢什么颜色？

男：我和你不一样，我喜欢白色。

女：太好了，我也买了一个白色的，送给你吧。

男：谢谢！

问：哪个对？

听力考试现在结束。

汉语水平考试 HSK（二级）全真模拟试卷①答案

一、听 力

第一部分

1. ✓   2. ✓   3. ×   4. ✓   5. ✓
6. ✓   7. ×   8. ✓   9. ×   10. ×

第二部分

11. F   12. B   13. C   14. D   15. A
16. C   17. A   18. D   19. E   20. B

第三部分

21. B   22. C   23. C   24. A   25. A
26. B   27. A   28. A   29. B   30. A

第四部分

31. A   32. B   33. B   34. A   35. C

二、阅 读

第一部分

36. A   37. E   38. D   39. C   40. B

第二部分

41. D   42. B   43. E   44. A   45. C

第三部分

46. ✓   47. ×   48. ✓   49. ✓   50. ✓

第四部分

51. B   52. A   53. F   54. E   55. C
56. E   57. A   58. B   59. D   60. C

汉语水平考试 HSK（二级）答题卡

——请填写考生信息—— ——请填写考点信息——

按照考试证件上的姓名填写：

| 姓名 | |

如果有中文姓名，请填写：

| 中文姓名 | |

考点代码 [0][1][2][3][4][5][6][7][8][9]

考生序号 [0][1][2][3][4][5][6][7][8][9]

国籍 [0][1][2][3][4][5][6][7][8][9]

年龄 [0][1][2][3][4][5][6][7][8][9]

性别 男 [1] 女 [2]

注意 请用 2B 铅笔这样写：■

一、听 力

1. [✓] [✗]   6. [✓] [✗]   11. [A] [B] [C] [D] [E] [F]   16. [A] [B] [C] [D] [E] [F]
2. [✓] [✗]   7. [✓] [✗]   12. [A] [B] [C] [D] [E] [F]   17. [A] [B] [C] [D] [E] [F]
3. [✓] [✗]   8. [✓] [✗]   13. [A] [B] [C] [D] [E] [F]   18. [A] [B] [C] [D] [E] [F]
4. [✓] [✗]   9. [✓] [✗]   14. [A] [B] [C] [D] [E] [F]   19. [A] [B] [C] [D] [E] [F]
5. [✓] [✗]   10. [✓] [✗]   15. [A] [B] [C] [D] [E] [F]   20. [A] [B] [C] [D] [E] [F]

21. [A] [B] [C]   26. [A] [B] [C]   31. [A] [B] [C]
22. [A] [B] [C]   27. [A] [B] [C]   32. [A] [B] [C]
23. [A] [B] [C]   28. [A] [B] [C]   33. [A] [B] [C]
24. [A] [B] [C]   29. [A] [B] [C]   34. [A] [B] [C]
25. [A] [B] [C]   30. [A] [B] [C]   35. [A] [B] [C]

二、阅 读

36. [A] [B] [C] [D] [E] [F]   41. [A] [B] [C] [D] [E] [F]   46. [✓] [✗]
37. [A] [B] [C] [D] [E] [F]   42. [A] [B] [C] [D] [E] [F]   47. [✓] [✗]
38. [A] [B] [C] [D] [E] [F]   43. [A] [B] [C] [D] [E] [F]   48. [✓] [✗]
39. [A] [B] [C] [D] [E] [F]   44. [A] [B] [C] [D] [E] [F]   49. [✓] [✗]
40. [A] [B] [C] [D] [E] [F]   45. [A] [B] [C] [D] [E] [F]   50. [✓] [✗]

51. [A] [B] [C] [D] [E] [F]   56. [A] [B] [C] [D] [E] [F]
52. [A] [B] [C] [D] [E] [F]   57. [A] [B] [C] [D] [E] [F]
53. [A] [B] [C] [D] [E] [F]   58. [A] [B] [C] [D] [E] [F]
54. [A] [B] [C] [D] [E] [F]   59. [A] [B] [C] [D] [E] [F]
55. [A] [B] [C] [D] [E] [F]   60. [A] [B] [C] [D] [E] [F]

汉语水平考试

HSK（二级）全真模拟试卷②

注　意

一、HSK（二级）分两部分：

　　1. 听力（35题，约25分钟）

　　2. 阅读（25题，22分钟）

二、听力结束后，有3分钟填写答题卡。

三、全部考试约55分钟（含考生填写个人信息时间5分钟）。

一、听 力

第一部分

第 1-10 题

例如：	(图：打篮球)	✓
	(图：三人看书)	×
1.	(图：508 门)	
2.	(图：踢足球)	
3.	(图：女子看报)	
4.	(图：公共汽车)	

-27-

5.		
6.		
7.		
8.		
9.		
10.		

第二部分

第 11-15 题

A

B

C

D

E

F

例如：男：Nǐ xǐhuan shénme yùndòng?
你 喜欢 什么 运动？
女：Wǒ zuì xǐhuan tī zúqiú.
我 最 喜欢 踢 足球。

E

11.

12.

13.

14.

15.

第 16–20 题

A

B

C

D

E

16. ☐

17. ☐

18. ☐

19. ☐

20. ☐

第三部分

第 21-30 题

例如：男： Xiǎo Wáng, zhèlǐ yǒu jǐ gè bēizi, nǎge shì nǐ de?
　　　　 小　王，　这里　有　几　个　杯子，哪个　是　你　的?

　　　女： Zuǒbian nàge hóngsè de shì wǒ de.
　　　　 左边　那个　红色　的　是　我　的。

　　　问： Xiǎo Wáng de bēizi shì shénme yánsè de?
　　　　 小　王　的　杯子　是　什么　颜色　的?

　　A hóngsè 红色 ✓　　　B hēisè 黑色　　　C báisè 白色

21. A tā nǚpéngyou yǎnjing hěn dà 他 女朋友 眼睛 很 大
    B tā nǚpéngyou shì Zhōngguórén 他 女朋友 是 中国人
    C tā nǚpéngyou hěn piàoliang 他 女朋友 很 漂亮

22. A bú tài hǎo 不太好　　　B fēicháng hǎo 非常 好　　　C bú cuò 不错

23. A kànwán le 看完了　　　B méi kànguò 没看过　　　C méi kànwán 没看完

24. A 8:00　　　B 7:50　　　C 7:40

25. A shāngdiàn 商店　　　B qìchē shang 汽车 上　　　C jiàoshì li 教室 里

26. A 306　　　B 705　　　C 402

27. A 他 知道 那个 人　　B 他 不 认识 那个 人　　C 他 见过 那个 人
   　　tā zhīdào nàge rén　　　tā bú rènshi nàge rén　　　tā jiànguo nàge rén

28. A 明天　　B 星期六　　C 下 星期六
   　　míngtiān　　Xīngqīliù　　xià Xīngqīliù

29. A 很 远　　B 很 近　　C 真 远
   　　hěn yuǎn　　hěn jìn　　zhēn yuǎn

30. A 每 天 运动　　B 不 喜欢 运动　　C 没 时间 运动
   　　měi tiān yùndòng　　bù xǐhuan yùndòng　　méi shíjiān yùndòng

第四部分

第 31-35 题

例如：女：Qǐng zài zhèr xiě nín de míngzi.
请 在 这儿 写 您 的 名字。

男：Shì zhèr ma?
是 这儿 吗？

女：Bú shì, shì zhèr.
不 是， 是 这儿。

男：Hǎo, xièxie.
好， 谢谢。

问：Nán de yào xiě shénme?
男 的 要 写 什么？

A míngzi 名字 ✓   B shíjiān 时间   C fángjiān hào 房间 号

31. A hóngchá 红茶   B kāfēi 咖啡   C chá 茶

32. A 2 jīn 斤   B 3 jīn 斤   C 6 jīn 斤

33. A yǒu yǔ 有 雨   B hěn rè 很 热   C qíngtiān 晴天

34. A nán de shēntǐ hěn hǎo 男 的 身体 很 好
    B nán de xiǎng huíqù xiūxi 男 的 想 回去 休息
    C nán de yào qù kàn yīshēng 男 的 要 去 看 医生

35. A Wáng yīshēng de zhàngfu shì yīshēng 王 医生 的 丈夫 是 医生
    B Wáng yīshēng de zhàngfu zài gōngsī gōngzuò 王 医生 的 丈夫 在 公司 工作
    C Wáng yīshēng de zhàngfu shì lǎoshī 王 医生 的 丈夫 是 老师

二、阅读

第一部分

第 36-40 题

A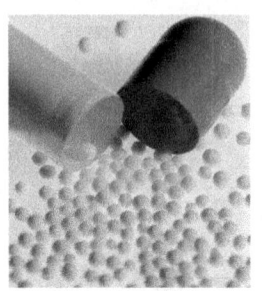

B

C

D

E

F

例如：Měi gè Xīngqīliù, wǒ dōu qù dǎ lánqiú.
每 个 星期六，我 都 去 打 篮球。 F

36. Wǒ jìnqù de shíhou tāmen zhèngzài kàn diànshì.
我 进去 的 时候，他们 正在 看 电视。

37. Xiǎojiě, kěyǐ qǐng nǐ hé wǒ yìqǐ tiàowǔ ma?
小姐，可以 请 你 和 我 一起 跳舞 吗？

38. Qǐng nǐ děngdeng wǒ, wǒ hěn kuài jiù lái.
请 你 等等 我，我 很 快 就 来。

39. Zhège yào nǐ chī le, bìng jiù hǎo le.
这个 药 你 吃 了，病 就 好 了。

40. Nǐ yǒu shíjiān de shíhou, kěyǐ bāng wǒ xǐ yīfu ma?
你 有 时间 的 时候，可以 帮 我 洗 衣服 吗？

第二部分

第41-45题

A 再 zài　　B 离 lí　　C 希望 xīwàng　　D 介绍 jièshào　　E 回答 huídá　　F 贵 guì

例如：这儿 的 羊肉 很 好吃，但是 也 很（ F ）。

41. 我（　）一下，这是 我 的 汉语 老师，姓 王。

42. 你 能（　）这个 问题 吗？

43. 我 非常（　）你 能 和 我 一起 去。

44. 你 唱 得 真 好，可以（　）唱 一 次 吗？

45. 你 的 家（　）这儿 多 远？

第三部分

第 46-50 题

例如：
Nàr de cài hěn hǎo chī, dànshì tài guì le.
那儿 的 菜 很 好 吃， 但是 太 贵 了。

Nàr de cài hǎo chī, yě hěn piányi.
★ 那儿 的 菜 好 吃， 也 很 便宜。　　　　　　　　　　(×)

Zhè jiù shì wǒ de xuéxiào, hěn dà, hěn piàoliang.
这 就 是 我 的 学校， 很 大， 很 漂亮。

Wǒ de xuéxiào hěn hǎo.
★ 我 的 学校 很 好。　　　　　　　　　　　　　　　(✓)

46.
Wǒ huì yóuyǒng, dànshì yóu de bù zěnmeyàng.
我 会 游泳， 但是 游 得 不 怎么样。

Wǒ yóuyǒng yóu de hěn hǎo.
★ 我 游泳 游 得 很 好。　　　　　　　　　　　　　( )

47.
Méi rén gàosu tā zhè jiàn shì, tā hái bù zhīdào.
没 人 告诉 他 这 件 事，他 还 不 知道。

Tā bù zhīdào zhè jiàn shì.
★ 他 不 知道 这 件 事。　　　　　　　　　　　　　( )

48.
Tā měi tiān shàngbān, wǎnshang xiàbān, méiyǒu wánr de shíjiān.
他 每 天 9:00 上班， 晚上 10:00 下班， 没有 玩儿 的 时间。

Tā gōngzuò hěn máng.
★ 他 工作 很 忙。　　　　　　　　　　　　　　　　( )

49.
Wǒ xiǎng zhǎo lí gōngsī jìn diǎnr de fángzi, dànshì hái méi zhǎodào.
我 想 找 离 公司 近 点儿 的 房子， 但是 还 没 找到。

Fángzi lí gōngsī yuǎnjìn méiyǒu guānxi.
★ 房子 离 公司 远近 没有 关系。　　　　　　　　　( )

50.
Bié zài chī fàn de shíhou kàn diànshì, duì shēntǐ bù hǎo.
别 在 吃饭 的 时候 看 电视，对 身体 不 好。

Chī fàn de shíhou kàn diànshì méi wèntí.
★ 吃饭 的 时候 看 电视 没 问题。　　　　　　　　　( )

第四部分

第 51-55 题

A 我很累，昨天晚上工作到很晚。

B 好多了，谢谢。

C 他在教室里，你去找他吧。

D 他在哪儿呢？你看见他了吗？

E 谢谢！你送的手表真漂亮！

F 很近，向前走 15 分钟就到了。

例如：他还在教室里学习。 D

51. 请问，去北京医院怎么走？离这儿远不远？

52. 你为什么上课的时候睡觉？

53. 王老师在哪儿？你看到他了吗？

54. 今天您身体怎么样？

55. 祝你生日快乐！

第 56-60 题

Qǐng nín shuō màn yìdiǎnr, kěyǐ ma?
A 请 您 说 慢 一点儿，可以 吗？

Nǐ de péngyou dǎ diànhuà gàosu wǒ de.
B 你 的 朋友 打 电话 告诉 我 的。

Wǒmen qù nǎr chī fàn? Chī shénme?
C 我们 去 哪儿 吃 饭？吃 什么？

Wǒ dào le, jiù zài zhèr xià chē ba, xièxie.
D 我 到 了，就 在 这儿 下 车 吧，谢谢。

Jiějie bǐ mèimei piàoliang, mèimei bǐ jiějie gāo.
E 姐姐 比 妹妹 漂亮，妹妹 比 姐姐 高。

Nǐ juéde tāmen jiěmèi zěnmeyàng?
56. 你 觉得 她们 姐妹 怎么样？ ☐

Tā shuō de tài kuài le, wǒ dōu méi tīngdǒng.
57. 他 说 得 太 快 了，我 都 没 听懂。 ☐

Tài wǎn le, wǒ kāi chē sòng nǐ huí jiā ba.
58. 太 晚 了，我 开 车 送 你 回 家 吧。 ☐

Wǒmen chīwán fàn zài qù kàn diànyǐng, zěnmeyàng?
59. 我们 吃完 饭 再 去 看 电影，怎么样？ ☐

Nǐ zěnme zhīdào wǒ yào zhǎo fángzi?
60. 你 怎么 知道 我 要 找 房子？ ☐

汉语水平考试 HSK（二级）全真模拟试卷 ② 听力材料

（音乐，30秒，渐弱）

大家好！欢迎参加 HSK（二级）考试。

大家好！欢迎参加 HSK（二级）考试。

大家好！欢迎参加 HSK（二级）考试。

HSK（二级）听力考试分四部分，共35题。

请大家注意，听力考试现在开始。

第一部分

一共10个题，每题听两次。

例如：他们正在打篮球。

　　　我们班有5个同学。

现在开始第1题：

1. 我住在508房间。

2. 我们都爱踢足球。

3. 爸爸每天都看报纸。

4. 我坐公共汽车去上班。

5. 生日的时候，妈妈送了我一件衣服。

6. 外边下雨了，你穿上雨衣吧。

7. 已经12:00了，哥哥还在工作。

8. 我们的教室很大，很漂亮。

9. 昨天我买了一个新手机。

10. 服务员，我要一碗米饭。

第二部分

一共10个题，每题听两次。

例如：

男：你喜欢什么运动？

女：我最喜欢踢足球。

现在开始第11到15题：

11. 男：你最喜欢吃什么水果？

    女：我最喜欢吃西瓜。

12. 男：你怎么去机场？

    女：我想坐出租车去。

13. 男：你做的菜怎么样？

    女：非常好吃。

14. 男：你买的电脑是什么颜色的？

女：白的。

15. 男：他为什么不高兴？

女：因为他考试没考好。

现在开始第16到20题：

16. 男：你爸爸怎么样？

女：他很忙，也很累。

17. 男：她们在做什么呢？

女：她们在一起唱歌呢。

18. 男：你儿子今年几岁？会说话了吗？

女：快一岁了，还不会说话。

19. 男：早上你吃了什么？

女：我吃了两个鸡蛋，喝了一杯牛奶。

20. 男：他在做什么？

女：他在准备明天的考试。

第三部分

一共10个题，每题听两次。

例如：

男：小王，这里有几个杯子，哪个是你的？

女：左边那个红色的是我的。

问：小王的杯子是什么颜色的？

现在开始第21题：

21. 女：他女朋友怎么样？

    男：很漂亮，和中国人一样，眼睛是黑色的。

    问：哪个对？

22. 女：你汉语说得不错，你去过北京吗？

    男：我去过三次。

    问：女的觉得男的汉语说得怎么样？

23. 女：那本书你看完了吗？

    男：还要两天。

    问：看完书了吗？

24. 女：快走吧，已经7:50了。

    男：没关系，还有10分钟才上课呢。

    问：几点上课？

25. 男：请问，羊肉多少钱一公斤？

    女：24块钱一公斤。

    问：他们最可能在哪儿？

26. 女：我住在305，你住在哪儿？

    男：我住在你旁边。

    问：男的可能住在哪个房间？

27. 女：那个穿着白色衣服的小姐是谁？

男：我也不认识。

问：男的是什么意思？

28. 女：明天是你的生日吧？

男：我的生日在下星期六。

问：男的生日在哪天？

29. 男：你的学校远吗？我们坐车去吧。

女：不用，走着5分钟就到了。

问：学校远不远？

30. 女：你每天都运动吗？

男：我喜欢运动，但是没有时间运动。

问：男的是什么意思？

第四部分

一共5个题，每题听两次。

例如：

女：请在这儿写您的名字。

男：是这儿吗？

女：不是，是这儿。

男：好，谢谢。

问：男的要写什么？

现在开始第31题：

31. 女：你喝什么？我有茶和咖啡。

    男：有红茶吗？

    女：没有。

    男：那我要一杯咖啡。

    问：男的喝什么？

32. 男：西瓜怎么卖？

    女：两块一斤。

    男：我要那个小的，几斤？

    女：三斤，一共六块。

    问：男的要的西瓜几斤？

33. 女：我星期二要去北京，你知道北京的天气吗？

    男：北京星期二有雨。

    女：星期三呢？

    男：比星期二热，但是是晴天。

    问：北京星期二天气怎么样？

34. 女：你怎么了？

    男：我可能病了，能回去休息吗？

    女：你去看看医生吧。

    男：没关系，我休息休息就好了。

    问：哪个对？

35. 男：王医生旁边的那个人是谁？

    女：他是王医生的丈夫。

男：他也是医生吗？

女：不，他在公司工作。

问：哪个对？

听力考试现在结束。

汉语水平考试 HSK（二级）全真模拟试卷②答案

一、听 力

第一部分

1. ✓ 2. ✓ 3. × 4. ✓ 5. ✓
6. ✓ 7. × 8. ✓ 9. × 10. ✓

第二部分

11. F 12. D 13. C 14. A 15. B
16. C 17. A 18. B 19. E 20. D

第三部分

21. C 22. C 23. C 24. A 25. A
26. A 27. B 28. C 29. B 30. C

第四部分

31. B 32. B 33. A 34. B 35. B

二、阅 读

第一部分

36. A 37. E 38. D 39. B 40. C

第二部分

41. D 42. E 43. C 44. A 45. B

第三部分

46. × 47. ✓ 48. ✓ 49. × 50. ×

第四部分

51. F 52. A 53. C 54. B 55. E
56. E 57. A 58. D 59. C 60. B

汉语水平考试HSK（二级）答题卡

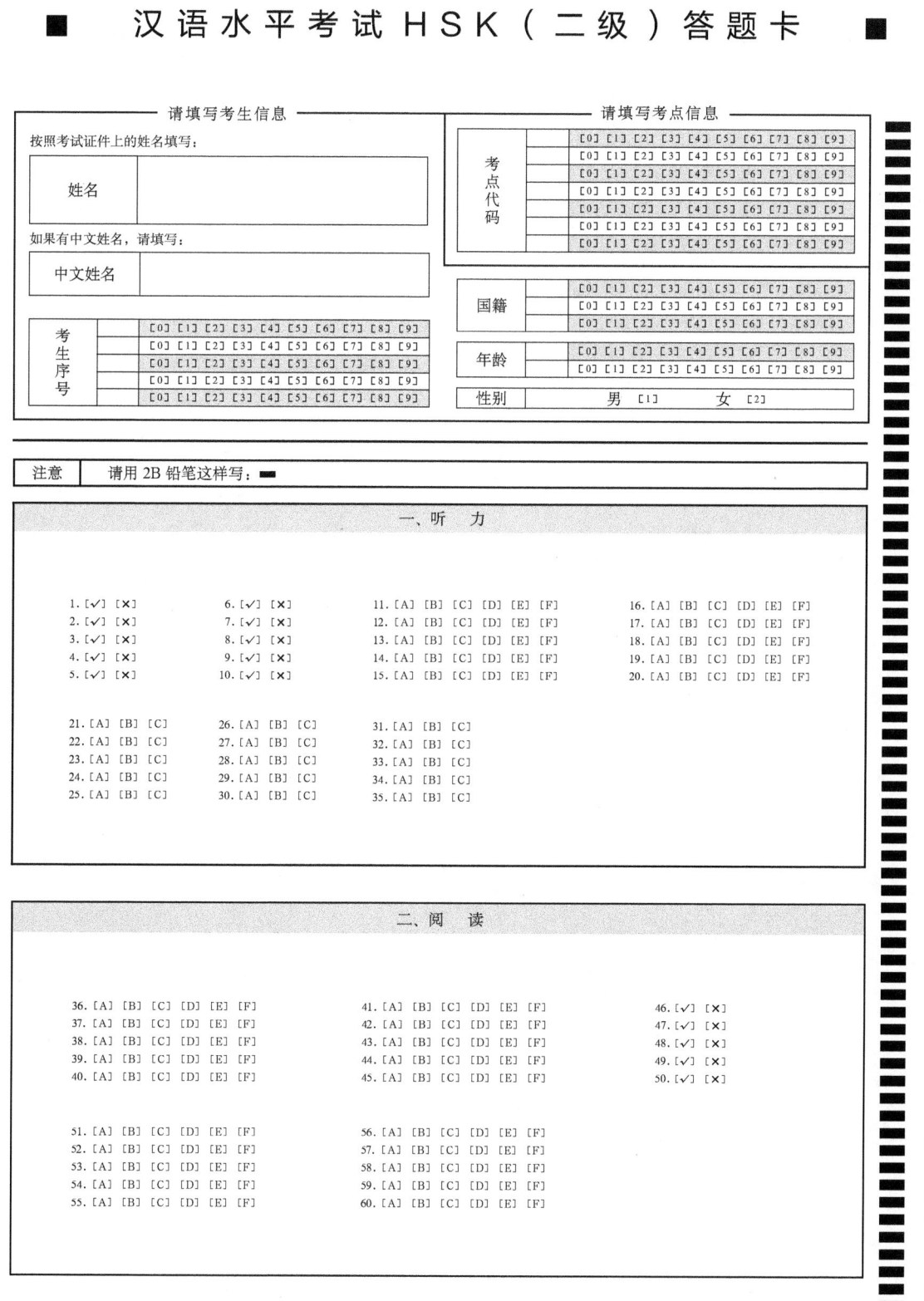

汉 语 水 平 考 试

HSK（二级）全真模拟试卷 ③

注　　意

一、HSK（二级）分两部分：

　　1. 听力（35题，约25分钟）

　　2. 阅读（25题，22分钟）

二、听力结束后，有3分钟填写答题卡。

三、全部考试约55分钟（含考生填写个人信息时间5分钟）。

一、听 力

第一部分

第 1-10 题

例如：		✓
		×
1.		
2.		
3.		
4.		

-51-

5.		
6.		
7.		
8.		
9.		
10.		

第二部分

第 11-15 题

A

B

C

D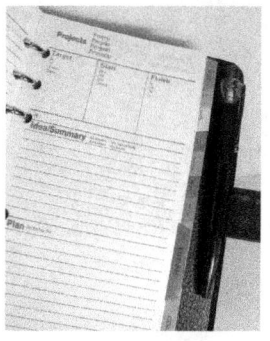

E

F

例如：男：Nǐ xǐhuan shénme yùndòng?
你 喜欢 什么 运动？
女：Wǒ zuì xǐhuan tī zúqiú.
我 最 喜欢 踢 足球。   [E]

11. □

12. □

13. □

14. □

15. □

第 16–20 题

A
B
C
D
E

16.

17.

18.

19.

20.

第三部分

第21-30题

例如：男：Xiǎo Wáng, zhèlǐ yǒu jǐ gè bēizi, nǎge shì nǐ de?
　　　　小 王，这里 有 几 个 杯子，哪个 是 你 的？
　　　女：Zuǒbian nàge hóngsè de shì wǒ de.
　　　　左边 那个 红色 的 是 我 的。
　　　问：Xiǎo Wáng de bēizi shì shénme yánsè de?
　　　　小 王 的 杯子 是 什么 颜色 的？

　　A　hóngsè　红色　✓　　　B　hēisè　黑色　　　C　báisè　白色

21.　A　shēngbìng le 生病 了　　B　shàngbān le 上班 了　　C　bú tài gāoxìng 不太 高兴

22.　A　nán de bú rènshi Xiǎoyǔ 男 的 不 认识 小雨
　　　B　tāmen shì lǎo péngyou 他们 是 老 朋友
　　　C　tāmen shì xīn péngyou 他们 是 新 朋友

23.　A　zài xuéxiào 在 学校　　B　zài fànguǎn 在 饭馆　　C　zài chēzhàn 在 车站

24.　A　yīfu hěn piàoliang 衣服 很 漂亮　　B　yīfu bú guì 衣服 不 贵　　C　yīfu bù piányi 衣服 不 便宜

25.　A　tā bù hē kāfēi 她 不 喝 咖啡　　B　tā bù xiǎng hē shénme 她 不 想 喝 什么
　　　C　tā ài hē kāfēi 她 爱 喝 咖啡

26.　A　tā bú qù 他 不 去　　B　tā qùguo le 他 去过 了　　C　tā yě qù 他 也 去

27. A 起床 qǐchuáng   B 上班 shàngbān   C 睡觉 shuìjiào

28. A 非常忙 fēicháng máng   B 不太忙 bú tài máng   C 不忙 bù máng

29. A 她想去中国工作 tā xiǎng qù Zhōngguó gōngzuò
    B 她喜欢中国 tā xǐhuan Zhōngguó
    C 她有一个中国朋友 tā yǒu yí gè Zhōngguó péngyou

30. A 200 块 kuài   B 350 块 kuài   C 150 块 kuài

第四部分

第 31-35 题

例如：女：Qǐng zài zhèr xiě nín de míngzi.
　　　　请 在 这儿 写 您 的 名字。
　　　男：Shì zhèr ma?
　　　　是 这儿 吗？
　　　女：Bú shì, shì zhèr.
　　　　不 是，是 这儿。
　　　男：Hǎo, xièxie.
　　　　好，谢谢。
　　　问：Nán de yào xiě shénme?
　　　　男 的 要 写 什么？

　　A míngzi 名字 ✓　　B shíjiān 时间　　C fángjiān hào 房间 号

31. A 7 yuè 6 hào 7月6号　　B 6 yuè 7 hào 6月7号　　C 7 yuè 1 hào 7月1号

32. A dǎ qiú 打球　　B yóuyǒng 游泳　　C pǎobù 跑步

33. A Zhōngguó péngyou jiā 中国 朋友 家　　B Zhōngguó fànguǎn 中国 饭馆　　C méi chīguo 没 吃过

34. A qìchēzhàn 汽车站　　B huǒchēzhàn 火车站　　C fēijīchǎng 飞机场

35. A qù gōngsī le 去 公司 了　　B qù shāngchǎng le 去 商场 了　　C qù mǎi shuǐguǒ le 去 买 水果 了

二、阅 读

第一部分

第 36-40 题

A. [手提包图片]
B. [两个女孩说话图片]
C. [洗漱用品图片]
D. [女孩吃东西图片]
E. [唱歌图片]
F. [打篮球图片]

例如：Měi gè Xīngqīliù, wǒ dōu qù dǎ lánqiú.
每 个 星期六，我 都 去 打 篮球。   **F**

36. Shàngkè de shíhou bù kěyǐ chī dōngxi.
    上课 的 时候 不 可以 吃 东西。

37. Wǒmen dōu xǐhuan chànggē, gēge chàng de zuì hǎo.
    我们 都 喜欢 唱歌，哥哥 唱 得 最 好。

38. Wǒ juéde hēisè de bǐ báisè de piàoliang.
    我 觉得 黑色 的 比 白色 的 漂亮。

39. Zài shāngdiàn mǎi de zhèxiē dōngxi, yígòng yìbǎi duō kuài qián.
    在 商店 买 的 这些 东西，一共 一百 多 块 钱。

40. Wǒ jìn jiàoshì de shíhou, tāmen zhèngzài shuōhuà.
    我 进 教室 的 时候，她们 正在 说话。

第二部分

第 41-45 题

A 穿　　B 洗　　C 告诉　　D 时间　　E 后面　　F 贵

例如：这儿 的 羊肉 很 好吃，但是 也 很（ F ）。

41. 等等，你（　　）了 手 再 来 吃饭。

42. 学校（　　）有 一 个 小 商店。

43. 今天 他（　　）了 一 件 新 衣服。

44. 看 电脑（　　）太 长，对 眼睛 不 好。

45. 女：你 怎么 知道 他 回 国 了？
　　男：他 朋友（　　）我 的。

第三部分

第 46-50 题

例如：Nàr de cài hěn hǎo chī, dànshì tài guì le.
那儿 的 菜 很 好 吃，但是 太 贵 了。

★ Nàr de cài hǎo chī, yě hěn piányi.
那儿 的 菜 好 吃，也 很 便宜。 (×)

Zhè jiù shì wǒ de xuéxiào, hěn dà, hěn piàoliang.
这 就 是 我 的 学校，很 大，很 漂亮。

★ Wǒ de xuéxiào hěn hǎo.
我 的 学校 很 好。 (✓)

46. Wǒ huì tiàowǔ, dàn tiào de bù zěnmeyàng.
我 会 跳舞，但 跳 得 不 怎么样。

★ Wǒ tiào de hěn hǎo.
我 跳 得 很 好。 (　)

47. Jīntiān tài lěng le, děng tiānqì hǎo de shíhou wǒmen zài qù ba.
今天 太 冷 了，等 天气 好 的 时候 我们 再 去 吧。

★ Jīntiān tiānqì fēicháng hǎo.
今天 天气 非常 好。 (　)

48. Nǐ yǒu shénme wèntí jiù gàosu wǒ, wǒ lái bāngzhù nǐ.
你 有 什么 问题 就 告诉 我，我 来 帮助 你。

★ Wǒ xīwàng néng bāngzhù nǐ.
我 希望 能 帮助 你。 (　)

49. Tā zhǎole liǎng gè yuè, hái méi zhǎodào xǐhuan de gōngzuò.
他 找 了 两 个 月，还 没 找到 喜欢 的 工作。

★ Tā xǐhuan de gōngzuò hěn bù hǎo zhǎo.
他 喜欢 的 工作 很 不 好 找。 (　)

50. Duìbuqǐ, qǐng nǐ shuō màn yìdiǎnr.
对不起，请 你 说 慢 一点儿。

★ Wǒ juéde tā shuō de tài kuài le.
我 觉得 他 说 得 太 快 了。 (　)

第四部分

第 51-55 题

A 你是什么时候开始学汉语的？
Nǐ shì shénme shíhou kāishǐ xué Hànyǔ de?

B 他在买电影票。
Tā zài mǎi diànyǐng piào.

C 不是我身体不好，是我的狗病了。
Bú shì wǒ shēntǐ bù hǎo, shì wǒ de gǒu bìng le.

D 他在哪儿？你看见他了吗？
Tā zài nǎr? Nǐ kànjiàn tā le ma?

E 你看，这是你的吗？
Nǐ kàn, zhè shì nǐ de ma?

F 那个很高也很漂亮的女孩儿是谁？
Nàge hěn gāo yě hěn piàoliang de nǚháir shì shéi?

例如：他还在教室里学习。 [D]
Tā hái zài jiàoshì li xuéxí.

51. 我要两张明天晚上 8:30 的票，多少钱？ [ ]
Wǒ yào liǎng zhāng míngtiān wǎnshang de piào, duōshao qián?

52. 我是去年开始学习的。 [ ]
Wǒ shì qùnián kāishǐ xuéxí de.

53. 可能是小王的女朋友。 [ ]
Kěnéng shì Xiǎo Wáng de nǚpéngyou.

54. 你怎么了，身体不好吗？ [ ]
Nǐ zěnme le, shēntǐ bù hǎo ma?

55. 你看到我的书了吗？一本红色的书。 [ ]
Nǐ kàndào wǒ de shū le ma? Yì běn hóngsè de shū.

第 56-60 题

A 对不起，我没有钱，所以不能去。

B 他非常累，很想睡一觉。

C 什么问题，你问吧。

D 他正在看医生。

E 请您看看我写得怎么样？

56. 爸爸已经工作十多个小时了。

57. 明年你可以和我一起去中国吗？

58. 还可以，但是这些你写错了。

59. 现在你有时间吗？我想问你一个问题。

60. 回去多休息，这药一天吃一次。

汉语水平考试 HSK（二级）全真模拟试卷 ③ 听力材料

（音乐，30秒，渐弱）

大家好！欢迎参加HSK（二级）考试。

大家好！欢迎参加HSK（二级）考试。

大家好！欢迎参加HSK（二级）考试。

HSK（二级）听力考试分四部分，共35题。

请大家注意，听力考试现在开始。

第一部分

一共10个题，每题听两次。

例如：他们正在打篮球。

我们班有5个同学。

现在开始第1题：

1. 门开着。

2. 她每天学习四个小时。

3. 我喜欢下雪。

4. 左边的比右边的大。

5. 祝你生日快乐！

6. 我不爱喝牛奶。

7. 妈妈买了一些鸡蛋。

8. 我觉得红茶很好喝。

9. 我没坐过船。

10. 他们正在打篮球。

第二部分

一共 10 个题，每题听两次。

例如：

男：你喜欢什么运动？

女：我最喜欢踢足球。

现在开始第 11 到 15 题：

11. 男：这些报纸你能看懂吗？

　　女：没问题。

12. 男：你朋友做什么工作？

　　女：她是饭馆的服务员。

13. 男：你每天都有汉语课吗？

　　女：不，星期二没有。

14. 男：这个本子多少钱？

女：两块五。

15. 男：这个汉字写错了。

    女：那我再写一次吧。

现在开始第 16 到 20 题：

16. 男：王老师呢？

    女：可能在教室里吧。

17. 男：你什么时候到？

    女：你等等，我很快就到了。

18. 男：昨天晚上你去哪儿了？

    女：我和朋友去看电影了。

19. 男：你找我有什么事情？

    女：我想请你帮我打个电话。

20. 男：今天天气怎么样？

    女：很好，是个晴天。

第三部分

一共 10 个题，每题听两次。

例如：

男：小王，这里有几个杯子，哪个是你的？

女：左边那个红色的是我的。

问：小王的杯子是什么颜色的？

现在开始第21题：

21. 女：昨天你为什么没来？

    男：我身体不好，去医院了。

    问：男的昨天怎么了？

22. 女：你和小雨是什么时候认识的？

    男：我们是昨天认识的。

    问：哪个对？

23. 男：你们的菜很好吃。

    女：谢谢！欢迎您下次再来。

    问：说话的人可能在哪儿？

24. 女：那件衣服怎么样？

    男：很便宜，但是不太漂亮。

    问：哪个对？

25. 男：你想喝什么？

    女：我不喝咖啡，别的都可以。

    问：女的是什么意思？

26. 女：下午我们去游泳，你去吗？

    男：对不起，我没时间。

    问：男的是什么意思？

27. 女：已经9点了，你怎么还没起床？

男：今天我休息。

问：男的在做什么？

28. 女：你工作忙吗？

 男：我吃饭和睡觉的时间都没有了。

 问：男的忙不忙？

29. 男：你为什么学习汉语？

 女：我有一个中国朋友，我想和她说汉语，我还希望去中国工作。

 问：哪个不是女的学汉语的原因？

30. 女：这一共是多少钱？

 男：100块的两张，50块的三张。

 问：一共多少钱？

第四部分

一共5个题，每题听两次。

例如：

女：请在这儿写您的名字。

男：是这儿吗？

女：不是，是这儿。

男：好，谢谢。

问：男的要写什么？

现在开始第 31 题：

31. 男：我买两张从北京到上海的火车票。

    女：你要哪天的？

    男：下星期一，6月7号的。

    女：两张票一共850块。

    问：男的要买什么时候的票？

32. 女：我喜欢跑步和游泳，你呢？

    男：我觉得跑步没意思，我喜欢游泳和打球。

    女：你打球打得怎么样？

    男：我打得很好。

    问：男的不喜欢什么运动？

33. 男：你去过中国饭馆吗？

    女：没去过，但是我吃过中国菜。

    男：真的吗？在哪儿吃的？

    女：在我一个中国朋友家里，他妈妈做的菜非常好吃。

    问：女的在哪儿吃过中国菜？

34. 女：请问，火车站在哪儿？

    男：从这儿向前走。

    女：有多远？要坐车吗？

    男：走10分钟就到了。

    女：好，谢谢。

    问：女的要去哪儿？

35. 女：昨天我去公司找你，你不在。

男：我去商场了。

女：你买什么了？

男：明天是我儿子生日，我给他买了一台电脑。

问：昨天男的为什么不在？

听力考试现在结束。

汉语水平考试 HSK（二级）全真模拟试卷③答案

一、听 力

第一部分

| 1. ✓ | 2. ✗ | 3. ✗ | 4. ✗ | 5. ✓ |
| 6. ✓ | 7. ✗ | 8. ✗ | 9. ✓ | 10. ✗ |

第二部分

| 11. F | 12. B | 13. C | 14. D | 15. A |
| 16. B | 17. C | 18. D | 19. A | 20. E |

第三部分

| 21. A | 22. C | 23. B | 24. B | 25. A |
| 26. A | 27. C | 28. A | 29. B | 30. B |

第四部分

| 31. B | 32. C | 33. A | 34. B | 35. B |

二、阅 读

第一部分

| 36. D | 37. E | 38. A | 39. C | 40. B |

第二部分

| 41. B | 42. E | 43. A | 44. D | 45. C |

第三部分

| 46. ✗ | 47. ✗ | 48. ✓ | 49. ✓ | 50. ✓ |

第四部分

| 51. B | 52. A | 53. F | 54. C | 55. E |
| 56. B | 57. A | 58. E | 59. C | 60. D |

汉语水平考试 HSK（二级）答题卡

汉语水平考试 HSK（二级）答题卡

——请填写考生信息——

按照考试证件上的姓名填写：

姓名 _____

如果有中文姓名，请填写：

中文姓名 _____

考生序号 [0][1][2][3][4][5][6][7][8][9]
[0][1][2][3][4][5][6][7][8][9]
[0][1][2][3][4][5][6][7][8][9]
[0][1][2][3][4][5][6][7][8][9]
[0][1][2][3][4][5][6][7][8][9]

——请填写考点信息——

考点代码 [0][1][2][3][4][5][6][7][8][9]
[0][1][2][3][4][5][6][7][8][9]
[0][1][2][3][4][5][6][7][8][9]
[0][1][2][3][4][5][6][7][8][9]
[0][1][2][3][4][5][6][7][8][9]
[0][1][2][3][4][5][6][7][8][9]

国籍 [0][1][2][3][4][5][6][7][8][9]
[0][1][2][3][4][5][6][7][8][9]

年龄 [0][1][2][3][4][5][6][7][8][9]
[0][1][2][3][4][5][6][7][8][9]

性别 男 [1] 女 [2]

注意 请用 2B 铅笔这样写：■

一、听力

1. [✓] [✗]   6. [✓] [✗]   11. [A][B][C][D][E][F]   16. [A][B][C][D][E][F]
2. [✓] [✗]   7. [✓] [✗]   12. [A][B][C][D][E][F]   17. [A][B][C][D][E][F]
3. [✓] [✗]   8. [✓] [✗]   13. [A][B][C][D][E][F]   18. [A][B][C][D][E][F]
4. [✓] [✗]   9. [✓] [✗]   14. [A][B][C][D][E][F]   19. [A][B][C][D][E][F]
5. [✓] [✗]   10. [✓] [✗] 15. [A][B][C][D][E][F]   20. [A][B][C][D][E][F]

21. [A][B][C]   26. [A][B][C]   31. [A][B][C]
22. [A][B][C]   27. [A][B][C]   32. [A][B][C]
23. [A][B][C]   28. [A][B][C]   33. [A][B][C]
24. [A][B][C]   29. [A][B][C]   34. [A][B][C]
25. [A][B][C]   30. [A][B][C]   35. [A][B][C]

二、阅读

36. [A][B][C][D][E][F]   41. [A][B][C][D][E][F]   46. [✓] [✗]
37. [A][B][C][D][E][F]   42. [A][B][C][D][E][F]   47. [✓] [✗]
38. [A][B][C][D][E][F]   43. [A][B][C][D][E][F]   48. [✓] [✗]
39. [A][B][C][D][E][F]   44. [A][B][C][D][E][F]   49. [✓] [✗]
40. [A][B][C][D][E][F]   45. [A][B][C][D][E][F]   50. [✓] [✗]

51. [A][B][C][D][E][F]   56. [A][B][C][D][E][F]
52. [A][B][C][D][E][F]   57. [A][B][C][D][E][F]
53. [A][B][C][D][E][F]   58. [A][B][C][D][E][F]
54. [A][B][C][D][E][F]   59. [A][B][C][D][E][F]
55. [A][B][C][D][E][F]   60. [A][B][C][D][E][F]

外研社·HSK课堂系列
HSK Class Series

"外研社·HSK课堂系列"是一套训练学生听、说、读、写各方面技能的综合性考试教材,包括五大子系列。本系列教材紧扣HSK考试大纲,准确把握HSK考试的重点难点,分析深入浅出,讲解精练到位,使学生能够快乐学习、轻松过关。

1 HSK 词汇系列

★ "HSK词汇突破"系列共分为1–3级、4级、5级、6级。对HSK词汇进行解释,并提供常用搭配、例句。

★ "HSK词汇宝典"系列对HSK词汇提供全方位解读和有针对性的练习,使考生高效掌握每个词语的用法。

2 HSK 专项突破系列

★ 严格按照《HSK考试大纲》的考试要求,在对真题进行科学分析和客观统计的基础上,总结每一部分的出题倾向和重点难点,提出相应的解决对策。

★ 分单元进行分项训练,每个分册都包括出题思路、答题攻略、模拟自测等单元。

★ 书中的练习贴近真题,练习内容具有较强的趣味性和时效性。

3 HSK通关:攻略·模拟·解析系列

★ 由一线教师在深入研究历年HSK真题的基础上,提炼出出题思路及答题攻略。

★ 既有分题型、分技能的单项训练,也有综合模拟训练,是一套适用性强、内容全面的HSK考试备考宝典。

★ 不仅为考生提供数量充足的练习题目,而且每道题目的解析都精练到位,力图使考生通过该书的学习做到举一反三,明显提高备考效率。

外研社·HSK课堂系列
HSK Class Series

4 21天征服HSK教程系列

★ **权威性**：由从事HSK教学多年的资深教师编写，经验丰富，预测准确。

★ **全面性**：详细介绍HSK考试，全面收录考试题型，提供科学系统的应试方案和解题技巧。

★ **计划性**：帮助考生计划时间，在21天的学习中，针对考试中出现的重点和难点提供详细指导。

★ **综合性**：将汉语技能综合到考点中讲授，全面锻炼考生的汉语思维，有效提高应试能力。

★ **实战性**：提供多套完整的模拟试题，并附有答案解析，让考生身临其境，提前备战。

---

5 HSK全真模拟试题集系列

★ 由教学经验丰富的资深HSK教师编写，涵盖HSK考试6个级别，每本由若干套模拟试题和一张MP3光盘组成。

★ 每套试题的结构、题型、水平、录音语速与真题一致，难度和考点分布真正反映HSK大纲的要求，对HSK各级各种题型进行有针对性的训练。

★ MP3光盘提模拟试题听力部分的录音，既方便教师教学使用，也方便考生的自测和学习。

★ 讲解深入浅出，适合将要参加HSK各级考试的学生以及汉语自学者使用。